300, rue Léon-Joulin, 31101 Toulouse Cedex 9 – France

Loi 49.956 du 16.07.1949 sur les publications destinées à la jeunesse.
Dépôt légal : 2e trimestre 2008
ISBN : 978-2-7459-3213-6

Conception graphique : Bruno Douin
Claire Debout a collaboré à l'édition de cet ouvrage.
Imprimé en Italie par Stige

dis-moi filo

ET SI JE ME BAGARRAIS ?

Brigitte Labbé   Éric Gasté

[redacted]

MILAN
jeunesse

Les photos préférées de Filou

Bonjour, je m'appelle Filou et j'ai 6 ans et demi.
J'ai collé mes photos préférées, comme ça,
tu peux voir tout le monde.

papa, ma grande sœur Anaïs, mon grand frère Thomas, maman et Raoul mon chat.

Là, c'est moi, à mon anniversaire de 6 ans.
C'est papa qui a fait le gâteau.

Lui c'est Paul,
mon meilleur copain.
Il me vise mais
il m'a raté.

Ça c'est moi avec Filo, mon
ami avec qui je parle de tout.

C'est Lisa, ♡
mon amoureuse.
Elle n'a pas vu
mon appareil
photo.

ET Si JE ME BAGARRAiS ?

Impossible de passer : une voiture est garée juste devant le portail du garage. Maman klaxonne. Tut, tut. Personne ne vient. Tut, tut.
« Klaxonne plus fort ! dit Filou, assis à l'arrière de la voiture.
– On va être en retard chez le dentiste ! » s'énerve Maman.
Tut. Tut. Maman sort de la voiture, elle essaie de pousser la voiture qui bloque la sortie. Impossible.

« Et zut de zut ! Si l'imbécile qui s'est garé ici revient, je, je, je… »
Maman ne termine pas sa phrase, elle remonte dans la voiture et tape de plus en plus fort sur le klaxon. Tuuuut. Tuuuut. Tuuuuut !

« Ce n'est pas possible, je vais lui casser sa voiture ! crie Maman.
– Moi, c'est pareil, je vais casser les lunettes de Maxime », crie Filou.

Maman arrête brusquement de klaxonner
et se retourne vers Filou.

« Mais ça ne marche pas comme ça, mon petit
Filou ! Je vais t'expliquer. »

Hou là là ! En disant « Je vais t'expliquer », Maman a pris un air désolé que Filou n'aime pas beaucoup.

« Petit Filou, pourquoi veux-tu casser les lunettes de Maxime ?
– Il me vole des billes et, en plus, il veut toujours jouer avec Lisa.
– Je comprends que tu sois énervé, mais casser ses lunettes, c'est très méchant.

– Mais c'est méchant de voler mes billes ! répond Filou.
– Très méchant, dit Maman. Peut-être que tu peux parler avec Maxime ?
– Parler avec Maxime ? crie Filou. Mais c'est le plus fort de la cour !

– Et alors ? demande Maman. Il va te faire quoi ?
– Et toi, tu feras quoi si le monsieur qui a garé sa voiture revient, et qu'il est très grand et très fort ? Tu pourras même pas te battre », s'inquiète Filou.

Hou là là ! Maintenant, Maman regarde Filou d'un air encore plus désolé.

« Petit Filou, même si le monsieur est tout petit et pas fort, je ne me battrai pas !
– Et s'il ne bouge pas sa voiture ? demande Filou.
– Je lui parlerai, je lui expliquerai, répond Maman, et à la fin, s'il ne veut pas, j'appellerai la police.

– Tu n'appelleras pas Papa ? demande Filou, déçu. Papa, il est fort, il gagnera.
– Ton papa est fort, c'est vrai. Mais sa force, elle sert à te porter sur ses épaules, à te lancer en l'air et te rattraper, à te faire faire l'avion…
– … et à porter les valises, interrompt Filou en rigolant.
– Oui, sourit Maman. Mais certainement pas à se battre.

– Moi, je veux être fort comme
Papa, comme ça, Maxime,
je l'aplatis. »

Maman et Filou entendent
une voiture qui démarre. Celle
qui bloque la sortie !
« Petit Filou, remets vite ta ceinture, on en reparlera
plus tard », dit Maman en démarrant en trombe.

Le soir, Filou court dans sa chambre et ouvre sa fenêtre. Il en était sûr ! L'oiseau Filo est là.

« Bonsoir Filou ! Le dentiste ne t'a pas fait mal ? Est-ce que tu as parlé avec ta maman de ce qui s'est passé devant le garage ?

– Elle était très énervée, elle voulait casser une voiture !

– Tu sais bien que c'est une manière de parler, elle ne l'aurait jamais fait. Dis-moi, qu'est-ce que cela veut dire "aplatir Maxime" ?

– Me battre contre lui et gagner.

– Gagner quoi ? demande Filo.

– Qu'il arrête de voler mes billes et de vouloir que Lisa soit son amoureuse.

– Et si Maxime revient avec un copain très fort ?

– J'irai chercher deux copains encore plus forts.

– Et si Maxime t'attend le lendemain devant l'école avec trois copains très forts ? »

Filou se dit qu'il n'a pas quatre copains très forts.

« C'est horrible ton histoire, répond Filou. J'aurai peur d'aller à l'école.

– Alors aplatir Maxime, ce n'est pas la solution.

– Je ne vais quand même pas appeler la police, remarque Filou.

– Mais à l'école, il y a des professeurs, des surveillants, un directeur, des adultes.

– Si je parle au directeur, on va se moquer de moi, et ils vont dire que je suis un rapporteur.

– Alors tu vas te laisser faire pour toujours ? »
demande Filo.
Filou réfléchit. Et si Maxime se met à lui voler ses images ? Et ses personnages ? Et tous ses jeux ?
« Non ! crie Filou. Il faut que ça s'arrête !
– Tu peux demander à tes parents d'aller voir le directeur, propose Filo.
– Tu rigoles ? On va se moquer de moi. Je préfère parler à un professeur, répond Filou.

– Bonne idée ! Tu peux lui expliquer que tu ne veux pas faire punir Maxime, propose Filo, le professeur va sûrement vous aider, Maxime et toi, à parler ensemble et à trouver une solution.
– Quand même, c'est pas facile et je n'ai pas envie de parler avec Maxime.
– Tu as raison, c'est difficile de retenir un coup de poing, il faut du courage pour ne pas se battre et réussir à se parler », dit Filo.

Filou réfléchit encore.

Il n'a jamais pensé qu'il fallait être fort et courageux pour ne pas être violent. Quand Papa va venir lire l'histoire du soir, quand Maman va venir donner le bisou du soir, il aura beaucoup de choses à dire… et beaucoup de questions à leur poser.

« Et pour Lisa ? demande Filou d'une toute petite voix.

– Moi, avec les amoureuses, je suis nul, débrouille-toi ! »

Filou aimerait bien discuter plus longtemps avec l'oiseau Filo. Mais Filo doit déjà partir, des fenêtres s'ouvrent, d'autres enfants l'attendent.

« À demain, Filou !
– À demain, Filo ! »

Et toi, quand l'oiseau Filo viendra te voir,
de quoi aimerais-tu parler ?

Et si on parlait aussi...

... de pourquoi je dois aller à l'école.

... de la différence entre les filles et les garçons.

... de pourquoi j'ai peur dans le noir.

… de quand
je serai
grand.

… de pourquoi
on doit obéir
aux lois.

… de rien,
j'ai envie
de jouer.